PARIS

ROWING CLUB

1854

PARIS
IMPRIMERIE FÉLIX MALTESTE ET Cⁱᵉ,
Rue des Deux-Portes-St-Sauveur, 22.

1854.

PARIS

ROWING CLUB

1854.

V

PARIS

ROWING CLUB

1854

PARIS

IMPRIMERIE FÉLIX MALTESTE ET Cie,
Rue des Deux-Portes-St-Sauveur, 22.

—

1854.

RÈGLEMENT INTÉRIEUR

DU CERCLE,

ADOPTÉ EN ASSEMBLÉE GÉNÉRALE

Le 26 Mars 1854.

RÈGLEMENT INTÉRIEUR

DU CERCLE,

ADOPTÉ EN ASSEMBLÉE GÉNÉRALE

Le 26 Mars 1854.

———— ❧❧ ————

ARTICLE PREMIER.

Le nombre des membres du PARIS-ROWING-CLUB est limité à deux cents.

Les membres du Cercle seront permanens, honoraires ou temporaires.

ART. 2.

Les admissions seront faites par le comité, une boule noire sur quatre suffit pour l'exclusion du candidat.

Art. 3.

L'année du Cercle date du 1er janvier.

La souscription annuelle est de cent francs.

Chaque membre en entrant versera deux cents francs, dont cent pour la souscription annuelle, et cent pour son entrée.

Art. 4.

Tout membre nouvellement élu qui n'aura pas payé les deux cents francs d'entrée un mois après le jour de sa réception, ou deux mois, en cas d'absence, cessera par le fait d'appartenir au Cercle.

Cessera d'appartenir au Cercle, tout membre qui aura notifié par écrit au secrétaire l'intention de ne plus faire partie du Cercle ; tout membre qui n'aura pas acquitté la souscription annuelle avant le 1er avril.

Au 1er mars, les membres dont la souscription sera en retard seront prévenus par une lettre.

ART. 5.

Les Ambassadeurs et Ministres étrangers près la Cour de France pourront, sur leur demande, être admis membres du Cercle sans ballottage.

ART. 6.

Les membres temporaires ne peuvent être admis que pour un mois, moyennant une souscriptiou de cinquante francs; si, avant la fin de ce mois, ils étaient admis sur leur demande comme membres permanens, ces cinquante francs compteraient dans les deux cents francs qu'ils auraient à payer.

ART. 7.

Les membres permanens du Cercle qui

quitteront la France une ou plusieurs années pourront rester membres honoraires, pendant le temps de leur absence ; à leur retour, ils pourront rentrer dans la jouissance de leurs droits, moyennant le paiement de la souscription pour l'année courante.

ART. 8.

L'administration du Cercle sera confiée à un Président, à un Vice-Président et à un comité composé de huit membres.

Le comité prend toutes les mesures qu'il juge convenables pour le maintien de l'ordre.

La nomination du Président, Vice-Président et du comité se fera en assemblée générale, au scrutin secret et à la majorité.

Le comité sera renouvelé tous les ans à l'assemblée générale, les Présidens et les membres du comité peuvent être réélus.

Art. 9.

Le Président du Cercle, ou le Vice-Président présidera les assemblées générales et celles du comité.

En cas d'absence, on choisira un Président parmi les membres présens du comité.

Trois membres du comité formeront une réunion délibérative.

Art. 10.

Le capitaine du Cercle est de droit Vice-Président.

Le secrétaire honoraire est de droit membre adjoint du comité, s'il n'en fait déjà partie.

Un sous-comité de cinq membres, le capitaine inclus, sera choisi par le comité dans son sein, et sera exclusivement chargé de tout ce qui regarde les embarcations du Cercle, leur règlement et les Régates.

Art. 11.

Le ballotage pour l'admission des candidats, autres que ceux désignés dans l'article 5, aura lieu le jour de réunion du comité.

Les noms des candidats seront affichés pendant six jours à l'avance dans les salons du Cercle.

Art. 12.

Les assemblées générales auront lieu du 1er avril au 1er octobre; néanmoins, le comité peut convoquer une assemblée générale toutes les fois qu'il le jugera nécessaire.

Vingt membres suffiront pour former une assemblée générale.

Une assemblée générale pourra être

convoquée sur la demande motivée de dix membres permanens du Cercle.

Dans les assemblée générales on ne discutera que les propositions indiquées dans la circulaire de convocation.

Pour qu'une proposition puisse être faite à l'assemblée, il faut qu'elle soit appuyée par dix membres permanens, et remise par écrit au secrétaire.

En assemblée générale, toutes les discussions seront prises à la simple majorité.

On procédera au scrutin secret si cinq membres au moins l'exigent.

ART. 13.

Toute réunion pour objet politique, ainsi que toute discussion politique organisée sont interdites.

Le nom du membre convaincu de contravention à cette clause sera rayé de la liste du Cercle par le comité, et ce membre cessera d'en faire partie.

Art. 14.

En cas d'infractions graves au règlement, ou aux lois de l'honneur ou de la
bienséance, le comité sera tenu de
convoquer une assemblée générale qui
décidera s'il y a lieu de prononcer l'exclusion du membre qui s'en sera rendu
coupable.

Art. 15.

Tout membre du Paris-Rowing-Club,
sur la présentation de sa carte au matelot
chargé du soin des embarcations, pourra
en faire mettre une à l'eau ou se servir de
celles qui y seraient, sauf les embarcations
de courses désignées par le sous-comité
des Régates pour l'exercice de ceux des
membres qui prennent part aux courses.

Art. 16.

Nul étranger ne peut se promener dans les embarcations du Cercle, même avec un des membres ; en cas de contravention, le membre sera passible d'une amende de vingt francs au profit du Cercle.

Le comité prononcera les amendes.

Les dames accompagnées d'un ou plusieurs membres du Cercle pourront monter dans les embarcations pour s'y promener, mais les salons du Cercle et le jardin leur sont entièrement défendus, ainsi qu'aux étrangers.

Art. 17.

Toute avarie arrivée à une embarcation du Cercle sera au compte de celui ou de ceux qui monteraient cette embarcation, sauf les avaries qui pourraient arriver le jour des Régates aux embarcations de courses montées par l'équipe désignée par le comité pour les Régates.

Art. 18.

Le matelot attaché au Cercle ne peut être emmené du Cercle par aucun membre sous quelque prétexte que ce soit, sans un ordre du-sous-comité chargé des embarcations.

Tout membre du Cercle a le droit de mettre ses embarcations sous le hangar du Club, tant qu'il y aura de la place et qu'elles ne gêneront pas le mouvement d'entrée et de sortie des embarcations appartenant au Cercle.

Art. 19.

Un règlement spécial est affecté aux membres qui veulent s'inscrire pour faire partie des embarcations de courses.

Art. 20.

Les jeux de commerce seuls sont admis.

Art. 21.

Le présent règlement est obligatoire pour tous les membres du Cercle, et le comité veillera à ce qu'il soit strictement observé.

Aucun article ne pourra être changé en assemblée générale qu'à la majorité des deux tiers des voix.

RÈGLEMENT

DES

ÉQUIPES DE COURSE.

RÈGLEMENT

DES

ÉQUIPES DE COURSE.

Tout membre du Cercle qui se sera inscrit entre les mains du secrétaire pour faire partie d'une embarcation de course sera tenu au règlement suivant.

ARTICLE PREMIER.

Les jours de réunion pour s'exercer seront fixés par le comité des courses, après que le comité aura fait son possible pour que ces jours puissent convenir à tous les membres qui s'entraînent.

Art. 2.

On devra s'exercer au moins quatre jours par semaine et plus si le comité des courses le juge nécessaire.

Art. 3.

Les jours et l'heure de la réunion pour la sortie en canot une fois fixés, tout membre en retard de plus d'un quart d'heure sera à l'amende de cinq francs au profit du Cercle, ou à l'amende de dix francs en cas d'absence totale, à moins de prévenir par écrit le secrétaire au moins vingt-quatre heures à l'avance.

Art. 4.

Le capitaine, de droit, désigne les personnes qu'il juge les plus aptes à monter les embarcations de course.

Art. 5.

Tout rameur d'une embarcation de course doit se conformer au costume suivant le jour des Régates :

Maillot blanc à courtes manches en laine ou en coton ;

Pantalon blanc en flanelle ou en toile ;

Le foulard de soie bleue pour le cou ;

Chapeau de paille à liserés en soie bleue claire.

Art. 6.

Le comité peut prononcer une amende contre celui des membres d'un canot de course dont le costume ne serait pas conforme au règlement le jour des Régates.

Art. 7.

Nulle embarcation du Cercle ne peut

être inscrite pour une course, ou aucun membre ne peut courir au nom du Club sans l'assentiment du comité des courses.

Art. 8.

Toute avarie faite à une des embarcations du Club par un rameur sera à son compte.

COMITÉ DU CERCLE.

COMITÉ DU CERCLE.

PRÉSIDENT :

M. Le duc d'Albufera.

CAPITAINE, VICE-PRÉSIDENT :

M. Le vicomte A. de Chatauvillard.

MEMBRES DU COMITÉ :

MM. Lord Cowley.
Le baron de Waechter.
Honorable W. Stuart.
Le comte de Praslin.
F. Ricardo.
Honorable H. Howard.
Le comte de Mosbourg.
J. Arthur, secrétaire honoraire.

COMITÉ DES COURSES.

COMITÉ DES COURSES.

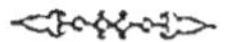

MM. Le vicomte A. de Chatauvillard.
Honorable W. Stuart.
F. Ricardo.
J. Arthur.
Le comte de Mosbourg.

Liste Alphabétique

DES

MEMBRES PERMANENS.

LISTE ALPHABÉTIQUE

DES MEMBRES PERMANENS.

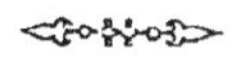

A.

MM. Adelswäerd (baron d').

Albufera duc d').

Aguado (comte de las Marismas).

Aguado (vicomte de Las Marismas).

Anstruther (Wyndham).

Arthur (John).

Auteuil (comte d').

Atlee (Falconer).

B.

MM. Ball (Hughes).

Bannerman (sir Alexander).

Barral (comte de).

Baring (colonel Henry).

Barrington (honorable Georges).

Bastard (capitaine).

Béhague (de).

Bernon (baron de)

Béthune (comte de).

Birch (Oscar).

Blount.

Bonneval (comte Lionel de).

Brandebourg (comte de).

Broke (sir Philip).

Biencourt (comte Léon de).

Blantyre (lord). (temporaire).

C.

MM. Calthorpe (honorable F.).

Caux (marquis de).

Caylus (duc de).

Chatauvillard (comte de).

Chatauvillard (vicomte de).

Chasseloup-Laubat (comte de).

Clermont (marquis de).

Clifden (vicomte).

Corbin.

Cowley (lord, ambassadeur de S. M. B.).

Cowper (honorable Spencer).

Croÿ (prince Georges de).

Croÿ (prince Alexandre de).

D.

MM. Dean (Fréderic Sidney).
Dean (Fréderic).
Drake.
Drummond.
Du Lau (comte).
Dentici (prince).

E.

MM. Easthope (sir John).
Ellis (Right Honorable Sir Henry).

F.

MM. Fitz-James (duc de).
Fitzwilliam (B.).
Ferguson (colonel).
Fuller (capitaine).
Frank (Bacon).
Fraser.
Ffrench.

G.

MM. Gallifet (comte de).

Galve (comte de).

Germain de Montforton (comte).

Gheest (David de).

Gray (lord).

Greininger.

Greville (Brooke).

Gronow.

Guiche (vicomte Ch. de la).

Guy de la Tour du Pin (comte)

H.

MM. Hare.

Hawley (sir Joseph).

Heideman.

Howard (honorable Henry).

Huddlestone.

J.

Juigné (comte Gustave de).

L.

MM. La Grange (général).
Lambertye (comte de).
Le Couteulx (baron).
Lehon (comte Léopold).
Lisboa (marquis de).
Lockwood.
Louvencourt (comte Charles).
Lotzbeck (baron de).
Lowe (Frédéric).
Lowth (George).
Ludre. (vicomte de).
Lynar (comte de).

M.

MM. Magnieu (vicomte de).

Mallet.

Manby.

Martyn (Charles).

Maugham.

Mecklembourg (baron de).

Mirabeau (marquis de).

Montgomery (comte de).

Môre.

Mosbourg (comte de).

Mouchy (duc de).

Munster (Earl of).

N.

MM. Nelson.

Nieuwerkerke (comte de).

Nicolle.

Noailles (marquis de).

Noailles (comte Louis de).

O.

MM. Oldoini (marquis de).
Olliffe (Sir J.).
Odo Russell.
Ottenfels (baron d').
O'Gorman Mahon (the).

P.

MM. Pescatore.

Petre (George).

Petre (Henry).

Pierre (comte de Saint).

Pierres (baron de).

Platen – Hallermund (comte de), ministre de Hanovre.

Praslin (comte de).

R.

MM. Redorte (comte de la),
Ricardo (F.).
Ricardo (Samson).
Roger (comte)
Rothschild (baron Gustave de).
Rothschild (baron Alphonse de).

S.

MM. Sansom.

San Severo (prince de).

Seafield (Earl of) (temporaire).

Serra (marquis de).

Scepaux (marquis de).

Schickler (Arthur).

Schweizer (baron de), Ministre de Bade.

Stephens (Lyne).

Stuart (Honorable W.).

Suzannet (comte de).

T.

M.M. Tann (baron de).
Tenison.
Thiers.
Toulongeon (marquis de).
Tudor.

V.

MM. Vallombrosa (duc de).

Vaughan (Honorable George).

Vehrmann.

Vidil (baron de).

Vigier (baron).

53

W.

MM. Waechter (baron de), Ministre de
Wurtemberg.

Walsch (vicomte Olivier).

Waddington.

Ward (Honorable Dudley).

Wellesley (Honorable W.).

Weisweiller.

PARIS. — TYPOGRAPHIE ET LITH. FÉLIX MALTESTE et Cie,
Rue des Deux-Portes-Saint-Sauveur, 22.